LECTURE EN FRANÇAIS FACILE

Cyrano de Bergerac

Niveau 2

Edmond Rostand

ADAPTÉ EN FRANÇAIS FACILE
PAR CATHERINE BARNOUD

CLE
INTERNATIONAL

www.cle-inter.com

Sommaire

© CLE International

ISBN : 978-209-031625-4

Edmond Rostand
(1868-1918)

Edmond Rostand est né à Marseille, en 1868, dans une famille bourgeoise. Il fait ses études à Paris. Il a 21 ans quand sa pièce *Le Gant rouge* est jouée au théâtre mais elle n'est pas très appréciée. En 1897, il écrit *La Samaritaine* pour la grande actrice Sarah Bernhardt. C'est avec *Cyrano de Bergerac* qu'il va connaître un véritable succès : quatre cents représentations attirent un public enthousiaste pendant plus d'un an. Puis, en 1900, *L'Aiglon* connaît un très bon accueil. Edmond Rostand est élu à l'Académie française★ en 1901.

Malade, il va vivre près de l'Espagne, dans le Pays basque, où il écrit *Chanteclair*, représenté à Paris en 1910. Pour des raisons de santé, il ne peut pas participer à la guerre de 1914-1918.

Il meurt à l'âge de 50 ans, le 2 décembre 1918.

Cyrano
Poète et soldat
chez les cadets* de Gascogne

Christian de Neuvilette
Soldat chez les cadets
de Gascogne

Lignière
Poète, ami de Cyrano
et de Christian de Neuvilette

Ragueneau
Pâtissier*, ami des poètes

Le Bret
Soldat chez les cadets
de Gascogne, ami de Cyrano

Carbon de Castel-Jaloux
Capitaine qui dirige
les cadets de Gascogne

Roxane
Jeune bourgeoise,
cousine de Cyrano

Comte de Guiche
Homme puissant, commandant
des cadets de Gascogne

De Valvert
Homme riche,
ami du comte* de Guiche

Montfleury
Comédien détesté par Cyrano

Un religieux

Les mots suivis d'un astérisque (*) sont expliqués dans le lexique, page 47.

Cyrano de Bergerac (1897)

Genre

Comédie héroïque

L'histoire

L'histoire commence dans un théâtre à Paris, au XVIIᵉ siècle. Cyrano de Bergerac, poète engagé dans l'armée, interrompt le spectacle parce que l'acteur ne lui plaît pas. Les spectateurs protestent. Il se bat en duel★ avec Valvert, qui a fait une remarque sur son nez. Cyrano aime Roxane, sa cousine. Mais elle est amoureuse d'un jeune soldat, Christian de Neuvilette. Les deux hommes deviennent amis et Cyrano va aider Christan à parler d'amour…

Notons que Cyrano de Bergerac a vraiment existé : né à Paris en 1619, il est auteur de théâtre mais aussi savant et philosophe. Il participe également à la guerre dans les cadets★ de Gascogne.

Cyrano de Bergerac a connu un immense succès à sa création et continue d'être joué régulièrement au théâtre. Le film *Cyrano*, de J.-P. Rappeneau (1990), avec Gérard Depardieu, a également enthousiasmé le public.

Thèmes principaux

La beauté et l'intelligence, l'amour et l'amitié, la poésie, la liberté d'esprit, la guerre.

Acte I

Au théâtre

Nous sommes en 1640. Le public arrive au théâtre situé dans l'hôtel de Bourgogne, à Paris. Au début, on voit surtout des spectateurs debout, ceux qui occupent les places les moins chères. Il y a des soldats et des employés de maison, un bourgeois avec son fils, et toutes sortes de personnes qui aiment la vie parisienne. En attendant le début du spectacle, tout le monde parle, mange, boit ou joue aux cartes. Enfin, la salle s'éclaire et les personnalités importantes arrivent dans les loges*. Les marquis* envoient des saluts aux femmes élégantes qui répondent par des sourires. Les violons commencent à jouer.

Christian de Neuvilette est un jeune homme qui va bientôt entrer à l'armée. Il est depuis peu de temps à Paris et il est venu à cette soirée avec son ami poète, Lignière.

LIGNIÈRE *(à Christian)*
Voici Ragueneau, le grand pâtissier* des comédiens et des poètes.

RAGUENEAU *(à Lignière)*
Monsieur de Cyrano n'est pas là ? C'est étrange.

LIGNIÈRE
Pourquoi ?

RAGUENEAU
Montfleury joue ce soir et Cyrano lui a interdit de se montrer au théâtre pendant un mois.

UN MARQUIS

Qui est ce Cyrano ?

RAGUENEAU

Un homme excessif, extravagant, qui utilise aussi bien l'épée★ que les mots. Et puis il a un nez, mais… un nez !

La salle commence à s'agiter. La belle Roxane vient de s'asseoir dans sa loge. Les hommes l'admirent et Christian, amoureux d'elle, veut connaître son nom. C'est Magdeleine Robin, appelée aussi Roxane, cousine de Cyrano. Un homme très élégant vient s'asseoir à côté d'elle, c'est le comte★ de Guiche.
Le poète Lignière critique cet homme important dans une chanson. Mais ce monsieur est puissant et Christian apprend que son ami est en danger de mort : des hommes vont l'attendre ce soir, sur son chemin.
Silence ! Le spectacle commence. On entend de la musique, Montfleury apparaît et commence à dire son texte.

MONTFLEURY

« Heureux qui loin des cours, dans un lieu… »

UNE VOIX, DANS LE PUBLIC

Tais-toi ! Je t'ai interdit le théâtre pour un mois.

MONTFLEURY

« Heureux qui loin des cours… »

LA VOIX

Sortez !

Le public, surpris, demande à Montfleury de continuer. Mais Cyrano se lève et demande une nouvelle fois au comédien de sortir. Les spectateurs s'opposent, alors Cyrano menace tout le monde avec son épée.

CYRANO

Je vous ordonne de vous taire ! Qui accepte un duel★ contre moi ? Venez ! Vous, monsieur ? Non ! Vous ?

Montfleury sort, la salle s'agite. Cyrano se dispute avec un homme quand de Guiche vient sur la scène★ avec les marquis et monsieur de Valvert.

DE GUICHE

Mais personne ne va donc lui répondre ?

DE VALVERT

Attendez ! Je vais dire quelque chose à ce monsieur. *(À Cyrano)* Vous avez… un nez… Vous avez un nez… très grand.

CYRANO

C'est tout ?

DE VALVERT

Mais…

CYRANO

On peut dire bien d'autres choses, par exemple : « Comment faites-vous pour boire ? Il doit tremper★ dans votre tasse », ou : « Vous aimez tellement les oiseaux pour leur tendre ce perchoir★ ? », ou : « Quand vous fumez, vos voisins doivent crier au feu de cheminée », ou encore : « C'est la mer Rouge quand il saigne★ ! »…

Cyrano trouve de nombreuses manières de décrire son nez, ce qui agace★ beaucoup Valvert. Ils s'échangent des insultes.
Cyrano sort son épée et c'est toujours avec des vers★ qu'il commente son duel.

La situation provoque une grande excitation dans la salle, les femmes sont debout dans les loges. Valvert perd. Ses amis le soutiennent et l'emmènent. Le public applaudit Cyrano. On vient le féliciter, une employée du théâtre lui offre à manger et à boire.

Son ami Le Bret a vu toute la scène. Il est à la fois heureux et préoccupé, car le cardinal de Richelieu★ était présent dans la salle et cela pourrait★ attirer des ennuis à Cyrano. Le Bret lui demande pourquoi il a cette attitude avec Montfleury : « C'est par jalousie★. »

LE BRET *(stupéfait)*
Comment ? Est-il possible ?...

CYRANO
J'aime.

LE BRET
Peut-on savoir qui ?

CYRANO
Moi ? J'aime qui ? Mais la plus belle…

LE BRET
Qui est donc cette femme ?

CYRANO
Un danger, une rose. Vénus n'est rien à côté d'elle…

LE BRET
C'est Magdeleine Robin, ta cousine ?

CYRANO
Oui, Roxane.

Le Bret conseille à son ami de déclarer son amour à Roxane, mais Cyrano pense qu'il n'a aucune chance d'être aimé. Il se trouve trop laid* et ne veut pas avoir de faux espoir. Le Bret fait remarquer que la jeune femme a suivi le duel : « Ce soir, elle a été impressionnée par le courage de son cousin. »

À ce même moment, une domestique* arrive pour dire que Roxane souhaite lui parler demain. Cyrano lui donne rendez-vous à sept heures, chez le pâtissier Ragueneau, rue Saint-Honoré.

Cyrano est tout excité. Plusieurs personnes arrivent et des hommes soutiennent Lignière, complètement ivre*. Celui-ci ne peut pas rentrer chez lui : un danger l'attend.

LIGNIÈRE

Des hommes contre moi... À cause de... la chanson. Un grand danger me menace... sur mon chemin...

CYRANO

Je vais te protéger. Messieurs, suivez-nous, mais laissez-moi faire seul, malgré le danger.

Il fait nuit. Officiers*, comédiens, musiciens, tout le monde sort du théâtre avec des chandelles pour voir ce qui va se passer.

Pour comprendre l'Acte I

Complétez ce résumé avec les personnages de l'Acte I.

Les spectateurs arrivent au théâtre. .... est venu avec un ami poète, ... Au début du spectacle, ... apparaît sur la scène, mais .... ne le laisse pas parler. Le public s'agite. Monsieur .... se moque du nez de .... et les deux hommes se battent en duel. .... interroge Cyrano sur son comportement. On apprend que notre héros est amoureux de ...., sa cousine.

Associez chaque personnage à sa description.

Cyrano	Un homme très élégant.
Montfleury	Un homme excessif et extravagant.
De Guiche	Jeune homme qui entre dans l'armée.
Lignère	Comédien qui n'arrive pas à dire son texte.
Christian	Poète qui aime bien l'alcool.

Soulignez les professions représentées dans l'acte I.

comédien – pâtissier – médecin – poète – jardinier – journaliste – musicien – facteur – soldat – officier – infirmière – banquier.

Acte II

La pâtisserie de Ragueneau

Située en plein centre de Paris, la pâtisserie de Ragueneau est aussi un lieu avec une immense cheminée où l'on fait rôtir des oies, des canards et toutes sortes de gibier*. Les tables sont couvertes de gâteaux et de plats*. Il y a beaucoup d'activités : les pâtissiers présentent leur travail. L'un d'eux vient avec une gâteau en forme de lyre*. Ragueneau est sensible à cette création, mais sa femme, Lise, trouve cela ridicule.

Elle pose des sacs en papier et Ragueneau s'aperçoit qu'elle a découpé les livres de ses amis poètes.

RAGUENEAU

Ciel ! Mes livres préférés ! Les poésies de mes amis déchirées*, pour en faire des sacs !

Lise répond que les amis de son mari ne paient jamais, mais Ragueneau n'accepte pas de voir la poésie utilisée ainsi.

Cyrano entre et demande l'heure. Il est six heures. Son rendez-vous est dans une heure. Lise s'aperçoit qu'il a une blessure à la main ; Cyrano répond que ce n'est rien. Il demande à nouveau l'heure, puis exprime le désir d'une table à part.

Il a peur de parler à Roxane. Il pense qu'il va lui écrire une lettre d'amour, la donner et partir.

Cyrano commence à écrire quand arrive un groupe de poètes habillés en noir. Ils ont très faim mais n'ont pas d'argent. Ils se servent librement et mangent des pâtisseries. Ils parlent du combat de la veille* qui a impressionné tout le monde. On parle aussi beaucoup de poésie et Ragueneau dit la recette d'une tarte qu'il a écrite en vers*.

Roxane entre avec sa domestique. Cyrano, impatient de se retrouver seul avec sa cousine, prend de nombreux gâteaux et demande à la domestique d'aller les manger dehors.

ROXANE

Merci pour votre duel* hier. Vous avez vaincu* celui que je ne veux pas épouser*.

CYRANO

Ce n'est pas pour mon vilain nez, mais bien pour vos beaux yeux !

ROXANE

Je suis venue vous dire… Vous qui êtes presque mon frère… Vous vous souvenez quand nous étions enfants.

CYRANO

Que voulez-vous me dire ?

Cyrano de Bergerac

J'aime quelqu'un.

Ah !

Un pauvre garçon qui m'aime, sans oser le dire.

Ah !

Il est dans votre compagnie*. Il est fier*, noble, jeune, beau…

Beau !

Quoi ? Qu'avez-vous ?

Moi, rien… Quel est son nom ?

Christian de Neuvilette.

Cyrano regarde Roxane : il ne comprend pas pourquoi elle est venue lui parler de cet amour.

Roxane sait qu'il y a souvent des duels dans la compagnie des cadets* de Gascogne. Elle a peur pour Christian. Elle veut que Cyrano le protège.

Cyrano promet de devenir l'ami du jeune homme. Avant de partir, Roxane ajoute : « Dites-lui qu'il m'écrive ! »

Ragueneau s'approche de Cyrano. En même temps arrive Carbon de Castel-Jaloux, le capitaine qui dirige la compagnie des cadets de Gascogne.

CARBON

Le voilà !

CYRANO

Mon capitaine…

CARBON

Notre héros ! On veut te voir !

CYRANO

Non !

CARBON

Pourquoi ? Tu es de mauvaise humeur !

Les cadets entrent. Ils félicitent notre héros, ils veulent l'embrasser. On entend beaucoup de bruit dans la rue. Dehors, la foule crie bravo, tout le monde veut parler à Cyrano. On se bouscule dans la pâtisserie quand de Guiche apparaît avec ses officiers*. Il est envoyé par le maréchal* de Gassion qui veut lui dire son admiration pour le combat de la veille.

À la demande de son capitaine, Cyrano présente la compagnie des cadets de Gascogne, toujours avec des vers. De Guiche reconnaît ses talents de poète et lui propose de travailler pour lui, mais Cyrano refuse avec beaucoup de fierté*.

Le Bret vient voir Cyrano pour lui dire que, vraiment, il exagère. Comment peut-il se comporter ainsi avec le neveu de Richelieu* ? Cyrano ne veut ni argent ni gloire. Il préfère sa liberté.

CYRANO

Avoir un protecteur, non merci. Faire des sourires à l'un et à l'autre, non merci. Calculer tout le temps, non merci. Non merci ! Mais… chanter, rêver, rire, être seul, être libre…

LE BRET

Tout seul, oui. Mais pas contre tous !

CYRANO

Eh bien oui… Déplaire est mon plaisir.

LE BRET

C'est ce que tu dis, par fierté ! Mais dis-moi simplement qu'elle ne t'aime pas !

CYRANO

Tais-toi!

Christian est entré dans la pâtisserie de Ragueneau, mais les cadets de Gascogne ne lui parlent pas. Il va s'asseoir seul à une table. Un cadet demande à Cyrano de raconter le combat de la veille, un autre s'approche de Christian et lui conseille de ne jamais prononcer le mot « nez » qui provoque la colère* de notre héros.

Tous veulent maintenant que Cyrano raconte ce qui s'est passé. Quand il commence son récit*, il aperçoit Christian et demande qui est cet homme. Le capitaine n'a pas fini de dire « baron de Neuvil… », Cyrano comprend aussitôt qui est devant lui.

LES CADETS

Le récit! Le récit!

CYRANO

Je marche seul, la nuit est noire. On ne voit pas plus loin…

CHRISTIAN

Que le bout de son nez.

CYRANO

Soudain, je me trouve…

CHRISTIAN

Nez à nez…

Les cadets sortent, ils ont peur de ce qui va se passer : que va-t-il lui dire ? Que va-t-il lui faire ? Il peut être tellement violent... Mais quand Cyrano se retrouve seul avec Christian, il lui parle calmement.

CYRANO
Embrasse-moi, je suis son frère.

CHRISTIAN
De qui ?

CYRANO
Mais de Roxane !

CHRISTIAN
Vous, son frère ?

CYRANO
Presque... son cousin.

CHRISTIAN
Vous a-t-elle dit ?... Est-ce qu'elle m'aime ?

CYRANO
Peut-être. Elle attend une lettre de vous.

Christian dit son admiration à Cyrano qui ne comprend pas pourquoi le jeune homme l'a provoqué devant tous les cadets. C'est par esprit militaire. Mais Christian avoue ne pas savoir parler aux femmes.

Cyrano sait parler d'amour. Il propose à Christian d'être à ses côtés pour parler à sa cousine. Cyrano a écrit une très belle lettre d'amour que Christian peut signer. La voilà ! Le jeune cadet est surpris et demande s'il ne faut pas changer quelques mots… Cyrano insiste.

Les deux hommes s'embrassent quand un cadet ouvre la porte et apparaît. Il n'y a plus de bruit, tous pensent que Christian est mort, mais leur surprise est grande de le voir dans les bras de Cyrano. L'ambiance est joyeuse.

Pour comprendre l'acte II

Vrai ou faux ?

	VRAI	FAUX
Cyrano fait partie des Cadets de Gascogne.	☐	☐
Roxane est amoureuse de Cyrano.	☐	☐
De Guiche propose un travail à Cyrano.	☐	☐
Cyrano se bat en duel contre Christian.	☐	☐
Christian sait très bien parler d'amour.	☐	☐

Répondez aux questions.

– Est-ce que les poètes paient leurs pâtisseries ? (p. 15)
– Pourquoi Cyrano est-il de mauvaise humeur ? (p. 18)
– Pourquoi Cyrano refuse-t-il la proposition du comte de Guiche ? (p.19)
– Cyrano a-t-il donné sa lettre à Roxane ? (p. 23)

Retrouvez le sens de ces trois expressions.

1. Ne pas voir plus loin que le bout de son nez.
2. Se trouver nez à nez avec quelqu'un.
3. Marcher le nez au vent.

a. Rencontrer une personne par hasard, face à face.
b. Ne pas savoir où l'on va.
c. Se promener calmement, sans peur, la tête en l'air.

Acte III

Le baiser de Roxane

La maison de Roxane se trouve sur une petite place, dans un vieux quartier de Paris. Au-dessus de la porte, il y a une fenêtre et un balcon. La domestique⋆ de Roxane est assise à l'extérieur quand Ragueneau arrive. Sa femme est partie avec un autre homme, il n'a plus d'argent et demande à devenir l'employé de Roxane.

On entend la voix de Cyrano. Il chante.

CYRANO
La! la! la! la!

ROXANE *(au balcon)*
C'est vous? Je descends.

CYRANO
Christian vous a-t-il écrit?

ROXANE
Oui, des lettres merveilleuses. Écoutez un peu: «Plus tu me prends le cœur…»

CYRANO
Vous savez ses lettres par cœur⋆?

ROXANE
Toutes!

Monsieur de Guiche apparaît et la domestique fait entrer Cyrano dans la maison. Roxane salue le comte avec une révérence. De Guiche vient lui dire qu'il part pour la guerre le soir même. Roxane ne réagit pas à l'annonce de ce départ, sauf quand de Guiche dit qu'il va commander le régiment des cadets* de Gascogne. Il va se venger* de Cyrano.

Roxane pense aussitôt à Christian. Elle ne veut pas qu'il parte. Elle dit que la meilleure vengeance est certainement de priver les Gascons de cette guerre. De Guiche part, prêt à écouter celle qu'il aime.

Puis Cyrano parle à Christian : il veut lui apprendre de nouveaux mots d'amour à dire à Roxane. Christian refuse, il préfère être seul pour parler à la jeune femme, il ne veut plus jouer le jeu de Cyrano.

ROXANE

C'est vous ! Asseyons-nous. Parlez. J'écoute.

CHRISTIAN

Je vous aime.

ROXANE *(ferme les yeux)*

Oui, parlez-moi d'amour.

CHRISTIAN

Je t'aime.

ROXANE

Et puis ? Dites un peu comment vous m'aimez.

CHRISTIAN

Mais… beaucoup.

ROXANE

Dites un peu mieux vos sentiments !

CHRISTIAN

Je deviens sot★. Je…

ROXANE

Vous m'aimez, je sais. Adieu !

Roxane entre chez elle, mécontente, et ferme la porte devant Christian. À ce moment arrive Cyrano qui remarque que la conversation a été un échec★.
Au-dessus d'eux, une fenêtre s'éclaire. La nuit est noire. Cyrano propose à Christian de reprendre la conversation. Ils vont se mettre sous le balcon et Cyrano va dire à Christian les phrases à répéter à Roxane.

CHRISTIAN *(caché sous le balcon)*
Roxane !

ROXANE

Qui m'appelle ?

Cyrano de Bergerac

Christian répète quelques phrases de Cyrano mais, très vite, cela devient trop difficile alors Cyrano prend la place de Christian et parle doucement. Cyrano fait une longue déclaration d'amour, avec beaucoup de poésie. Roxane croit toujours que c'est Christian qui parle, mais elle lui trouve une voix différente.

ROXANE
Vous me parlez d'une voix si particulière ce soir…

CYRANO
C'est vrai. J'ai l'impression de vous parler pour la première fois.

Christian, lui, s'impatiente sous le balcon. Il prend soudain la parole pour demander un baiser à Roxane. Charmée*, elle demande au jeune homme de monter chez elle.
Christian la prend dans ses bras. Au même moment arrive un religieux qui cherche Magdeleine Robin pour lui donner une lettre. Roxane la lit immédiatement, à l'écart* : c'est le comte de Guiche qui écrit. Il va venir ce soir au lieu de partir à la guerre. Elle n'a pas envie de le voir et imagine une autre lettre qu'elle dit à voix haute.

ROXANE *(au religieux)*
Mon père, voici ce que dit cette lettre. Vous devez célébrer ici et maintenant un mariage. Christian doit devenir en secret mon mari.

ROXANE *(à Cyrano)*
Vous, retenez de Guiche qui va venir. Qu'il n'entre pas avant…

Cyrano de Bergerac

Pendant que le religieux célèbre le mariage, Cyrano monte sur le balcon et enfonce son chapeau pour cacher son visage. Quand il aperçoit de Guiche qui arrive, il tombe comme un gros sac devant la porte.

Le comte est surpris et il se demande d'où vient cet homme. Cyrano change sa voix et répond qu'il vient de la lune. Il parle de différents moyens d'aller sur la lune. Il ne cesse de parler pour que de Guiche ne rentre pas tout de suite. Soudain, il reprend sa voix normale.

CYRANO
Le quart d'heure est passé, monsieur. Le mariage est fait.

DE GUICHE
Mais… Cette voix… Ce nez… Cyrano ?

CYRANO
Oui, Cyrano. Ils sont mariés.

DE GUICHE
Qui ?

Au même moment, le comte se retourne : Roxane et Christian se tiennent par la main. Le religieux sort avec le sourire.

LE RELIGIEUX
Voilà le beau couple que vous avez réuni.

DE GUICHE *(à Roxane)*
Vous pouvez dire adieu, Madame, à votre mari.

ROXANE

Comment ?

DE GUICHE *(à Christian)*

Le régiment* s'en va pour la guerre. Rejoignez-le.

ROXANE

Mais, monsieur, les cadets ne partent pas !

DE GUICHE *(sort l'ordre qu'il a dans sa poche)*

Ils partent maintenant !

ROXANE *(dans les bras de Christian)*

Christian !

DE GUICHE

Allez, le régiment part. *(On entend des tambours.*)*

ROXANE *(à Cyrano)*

Promettez-moi que sa vie n'est pas en danger.

CYRANO

Je vais voir… mais…

ROXANE

Est-ce qu'il va m'écrire ?

CYRANO

Ça, je vous le promets !

Pour comprendre l'Acte III

Mettez les actions dans le bon ordre (numérotez de 1 à 5).

Un religieux célèbre le mariage de Roxane et Christian. ....

Christian ne trouve pas les mots pour dire son amour. ....

Cyrano demande à Roxane si Christian lui a écrit. ....

De Guiche annonce le départ des cadets à la guerre. ....

Christian demande un baiser à Roxane. ....

Répondez par *oui* ou par *non*.

Est-ce que Christian a écrit les lettres pour Roxane ? ....

Roxane est-elle triste de voir partir de Guiche à la guerre ? ....

Sous le balcon, la grande déclaration d'amour vient-elle de Christian ? ....

De Guiche a-t-il demandé au religieux de célébrer le mariage ? ....

Christian part-il à la guerre avec les cadets de Gascogne ? ....

Complétez avec les verbes : *célébrer, s'impatienter, refuser, empêcher.*

Christian .... de répéter les mots de Cyrano.

Sous le balcon, Christian .... : il veut un baiser !

Pendant le mariage, Cyrano .... le comte de rentrer.

On .... en secret le mariage de Roxane et Christian.

Acte IV

La guerre

Les cadets* de Gascogne sont sur le champ de bataille*, ils dorment encore, le jour va se lever. Carbon de Castel-Jaloux et Le Bret montent la garde, quand on aperçoit un homme qui arrive dans la nuit.

Carbon a reconnu Cyrano. Est-il blessé ? Non, il a réussi à passer devant l'ennemi, comme tous les matins, pour porter la lettre qu'il écrit chaque jour à Roxane et qu'il signe du nom de Christian.

Au loin, on entend un coup de canon. Les cadets se réveillent. Ils ont très faim et ils n'ont rien à manger.

De Guiche arrive, très fier* de lui. Il commence par parler de batailles qu'il a gagnées mais Cyrano ajoute des commentaires qui font rire les soldats. Un moment après, de Guiche annonce aux cadets qu'ils vont bientôt être attaqués par l'ennemi.

CARBON *(aux cadets)*
Messieurs, préparez-vous !

DE GUICHE *(à Carbon)*
Il faut gagner du temps…

CARBON
Comment ?

DE GUICHE
Vous allez vous faire tuer.

CYRANO

Ah! La voilà la vengeance!

DE GUICHE

Je sais que vous aimez vous battre*.

De Guiche parle avec Carbon de Castel-Jaloux. On donne des ordres. Cyrano va voir Christian qui a peur de mourir. Il pense à Roxane et veut lui envoyer une lettre pour lui dire adieu… Mais Cyrano a déjà écrit cette lettre qu'il sort de sa poche. Christian veut la lire.
Un carrosse* arrive. Tout le monde s'approche. On dit que ce carrosse est envoyé par le roi. La porte s'ouvre et Roxane apparaît.

DE GUICHE

Vous êtes envoyée par le roi, vous?

ROXANE

Le roi de l'amour!

CHRISTIAN

Vous! Pourquoi…?

DE GUICHE *(à Roxane)*

Vous ne pouvez pas rester là.

CYRANO

Mais comment êtes-vous arrivée jusqu'ici?

ROXANE

J'ai traversé les lignes ennemies, grâce à mon sourire.

DE GUICHE

Vous devez partir !

ROXANE

Je reste. On va se battre. C'est mon mari *(dans les bras de Christian)*. Je veux qu'on me tue avec toi !

De Guiche part vérifier les canons et dit à Roxane qu'elle a encore le temps de changer d'avis.

Mais Roxane est bien décidée à rester. Pendant l'absence du comte, elle propose à manger aux soldats. Ragueneau l'accompagne ; il a préparé plusieurs sortes de plats* chauds et froids, avec des vins fins pour ces messieurs. Tout le monde mange avec appétit.

Christian doit savoir que Cyrano a écrit en secret de nombreuses lettres à la jeune femme et qu'il les a signées du nom de Christian. Combien ? Deux fois par semaine ? Non, tous les jours !

Roxane court vers Christian.

CHRISTIAN

Maintenant, dis-moi pourquoi tu es venue ici ?

ROXANE

C'est à cause de tes lettres. Ces lettres qui me rappellent ta douce voix, un soir, sous mon balcon.

Cyrano de Bergerac

CHRISTIAN
Mais…

ROXANE
Oui, j'ai lu et relu ces lettres. Au début, j'ai aimé ta beauté. Aujourd'hui, j'aime ton esprit.

CHRISTIAN
Ah, Roxane !

ROXANE
Je t'aime encore et toujours, même si ta beauté disparaît.

Roxane se trouve au milieu d'un groupe de cadets quand Christian va voir Cyrano.

Christian ne supporte plus cette situation, il veut être aimé pour lui-même ou pas du tout. Roxane doit dire lequel des deux elle préfère. Mais finalement, il ne pose pas la question. Avant de repartir sur le champ de bataille, Christian lui dit seulement que Cyrano a quelque chose d'important pour elle. Peu de temps après, Le Bret vient annoncer une triste nouvelle.

Cyrano de Bergerac

Des hommes apportent Christian, couché dans son manteau.

LE BRET
Le premier coup de feu* de l'ennemi…

ROXANE
Christian !

CHRISTIAN *(qui va bientôt mourir)*
Roxane !

CYRANO *(à l'oreille de Christian)*
J'ai tout dit. C'est toi qu'elle aime encore.

Christian ferme les yeux.

ROXANE
Il est mort !

Cyrano de Bergerac

Roxane trouve la lettre d'adieu que Christian a gardée sur lui. Elle est bouleversée*. Elle demande à Cyrano de rester encore un peu. Elle veut lui dire toutes les qualités de Christian : un homme magnifique, un cœur immense, un poète merveilleux… Elle pleure*.

La bataille continue. Beaucoup de cadets sont blessés, d'autres sont morts. Au milieu des coups de feu, Cyrano demande à de Guiche d'emmener* Roxane avec l'aide de Ragueneau.

Pour comprendre l'Acte IV

Vrai ou faux ?

	VRAI	FAUX
Quand il revient le matin, Cyrano est blessé.	☐	☐
Cyrano a écrit une lettre d'adieu signée du nom de Christian.	☐	☐
Avant l'arrivée de Roxane, les soldats n'ont rien à manger.	☐	☐
Roxane sait que Cyrano écrit les lettres à la place de Christian.	☐	☐
Avant la mort de Christian, Cyrano dit la vérité à Roxane.	☐	☐

Associez chaque personnage à une action.

Cyrano •   • veut savoir lequel des deux hommes elle préfère.

Christian •   • mangent les plats préparés par Ragueneau.

Les cadets •   • a écrit les lettres, sans les montrer à Christian.

De Guiche •   • demande aux cadets de se préparer à attaquer.

Entourez les mots ou expressions qui concernent la guerre.

champ de bataille – amour – baiser – soldats – poésie – pâtisserie-

mort – se battre – lignes ennemies – beauté – coup de feu – blessé

Acte V

Quinze ans après

Nous sommes en 1655, c'est l'automne. Dans les jardins d'un couvent*, à Paris, des religieuses se promènent et parlent de Cyrano, cet homme étonnant qui vient tous les samedis rendre visite à sa cousine. En effet, après la mort de Christian, Roxane a décidé de vivre ici, seule avec son chagrin*. Les religieuses aiment bien Cyrano, elles le trouvent drôle*, toujours gentil. On dit qu'il est très pauvre, mais il ne veut pas demander de l'aide. Aujourd'hui, de Guiche est venu voir Roxane.

DE GUICHE *(à Roxane, en habits noirs)*
Vous êtes toujours en deuil* ?

ROXANE
Toujours.

DE GUICHE
Et vous portez toujours sa dernière lettre sur votre cœur ? Même mort, vous l'aimez ?

ROXANE
Il me semble que son amour est toujours vivant.

Le Bret arrive pour dire que Cyrano ne va pas très bien en ce moment. Notre héros n'a pas d'argent, on le voit avec de vieux habits, souvent seul, mais il critique toujours tout le monde. Ses ennemis sont nombreux. Avant de partir, de Guiche ajoute qu'hier il a entendu quelqu'un dire : « Ce Cyrano pourrait* mourir d'un accident. »

Peu de temps après arrive Ragueneau ; il veut parler à Le Bret,
à part, pour ne pas inquiéter* Roxane.
Ragueneau raconte que Cyrano a été blessé* à la tête. C'est
grave, il faut aller près de lui. Ragueneau et Le Bret sortent.

ROXANE *(assise dans le jardin)*
Il va venir… C'est l'heure. Tiens, il est en retard… pour la
première fois.

Enfin, Cyrano arrive, lentement, un chapeau sur la tête pour
cacher sa blessure. Il va s'asseoir à côté de sa cousine. Comme
chaque semaine, elle lui demande des nouvelles de la cour*, ce
qui se passe en ville. Mais Cyrano parle avec de plus en plus de
difficulté.

ROXANE
Cyrano ! Quoi ? Qu'avez-vous ?

CYRANO
Ce n'est rien. Ma blessure… vous savez, à la guerre…

ROXANE
Oui, chacun a sa blessure. La mienne est là. *(Elle met la main
sur la lettre de Christian)*

CYRANO
Sa lettre ! Un jour, peut-être… j'aimerais la lire.

Vous voulez…

Roxane, adieu,
je vais mourir…

Comment pouvez-
vous lire ? Il fait nuit.

Roxane !

C'était vous.

Non.

Les lettres,
c'était vous… Les mots
fous… La voix,
dans la nuit…

Cyrano lit la lettre à haute voix et Roxane, rêveuse, semble reconnaître une voix qu'elle a entendue, il y a longtemps. Il commence à faire nuit, mais Cyrano continue sa lecture, sans hésitation.

Cyrano de Bergerac

ROXANE
Je reconnais votre esprit.

CYRANO
Non !

ROXANE
Vous m'avez aimée !

CYRANO
Non, mon cher amour, je ne vous aimais pas.

Il donne la lettre à Roxane. Le Bret et Ragueneau arrivent. Ils sont à la recherche de Cyrano. Normalement, il ne doit pas se lever à cause de sa blessure. Que fait-il là ?

Cyrano enlève son chapeau. On voit sa tête recouverte de sang. Roxane veut appeler au secours, mais Cyrano refuse. Ses amis poètes écoutent ses dernières paroles. Roxane pleure★.
Puis Cyrano dit qu'il voit la mort venir, il sort son épée. Il veut se battre★ en duel contre la mort, il n'arrête pas de parler. Tout à coup, il tombe dans les bras de Le Bret et Ragueneau.

Pour comprendre l'Acte V

Répondez aux questions.

Où vit Roxane, quinze ans après la mort de Christian ?

Voit-elle souvent Cyrano ?

Est-ce que Cyrano souffre vraiment de sa blessure de guerre ?

Quand Cyrano lit la lettre, que découvre Roxane ?

Quels sont les personnages présents à la fin de l'acte V ?

Compléter par *après, jamais, souvent* ou *toujours.*

Cyrano a .... aimé sa liberté.

Cyrano n'a .... demandé de l'aide à personne.

Il vient .... rendre visite à sa cousine.

Quinze ans ...., Roxane est encore amoureuse de

Christian.

Entourez les mots et expressions que vous pouvez associer au personnage de Cyrano.

la fierté – la peur – la beauté – l'humour – la liberté – la poésie –

l'amour de l'argent – l'amitié – le silence – la fidélité – l'hypocrisie

Proposez vous-même d'autres mots.

Académie française : créée par Richelieu, cette institution réunit des écrivains.

Agacer : énerver, provoquer de l'irritation.

Assassiné : tué volontairement par quelqu'un.

Bataille : combat entre deux armées.

Battre (se) : frapper quelqu'un, combattre contre l'ennemi.

Blessé : qui a une blessure plus ou moins grave, qui a mal.

Bouleversé(e) : qui a une émotion violente.

Cadet de Gascogne : dernier fils d'une famille venu de Gascogne (au sud-ouest de la France) pour servir dans l'armée.

Carrosse : voiture de luxe, tirée par des chevaux.

Chagrin : grande tristesse.

Charmé(e) : attiré(e), séduit(e) par le charme de quelqu'un.

Cœur (par) : de mémoire.

Colère : réaction violente, quand on est mécontent.

Compagnie : groupe de soldats dirigés par un capitaine.

Comte : titre de noblesse (entre marquis et vicomte).

Cour (la) : ensemble des personnes qui entourent le roi Louis XIV.

Couvent : maison où vivent les religieuses.

Déchiré : coupé sans ciseaux, mis en morceaux.

Deuil (être en) : s'habiller en noir après la mort d'un être aimé.

Domestique : employé(e) de maison.

Drôle : qui fait rire, comique.

Duel : combat entre deux personnes.

Écart (à l') : en dehors du groupe, isolé(e).

Échec : le contraire du succès, le manque de réussite.

Emmener : prendre pour emporter avec soi.

Épée : arme formée d'une longue lame pointue.

Épouser : se marier ; unir un homme et une femme.

Feu (coup de) : tir, bruit d'une arme à feu.

Fier : ici, qui a un sentiment très fort de dignité.

Fierté : sentiment de supériorité, de satisfaction (être fier).

Gibier : animaux sauvages que l'on mange.

Inquiéter : tourmenter, préoccuper, provoquer du souci.

Ivre : qui a bu trop d'alcool.

Jalousie : mauvais sentiment que l'on éprouve quand quelqu'un possède quelque chose que l'on n'a pas.

Laid : contraire de «beau».

Loge : au théâtre, place pour les spectateurs les plus riches.

Lyre : instrument de musique à cordes. C'est l'instrument d'Orphée, le dieu des poètes.

Maréchal : officier* général (Le maréchal de Gassion a existé).

Marquis : titre de noblesse.

Officier : homme qui dirige dans l'armée.

Pâtissier : personne qui fait et vend des gâteaux.

Perchoir : petit morceau de bois où se posent les oiseaux.

Plat : partie d'un repas (entrée, plat principal, dessert).

Pleurer : on pleure quand on a du chagrin, quand on est triste.

Pourrait : verbe *pouvoir* au conditionnel présent.

Récit (faire le) : raconter ce qui s'est passé.

Régiment : groupe de soldats commandés par un officier*.

Richelieu (cardinal de) : autorité religieuse, ministre de Louis XIII. En 1643, Mazarin le remplace sous le règne de Louis XIV.

Saigner : perdre du sang.

Scène : partie du théâtre où jouent les acteurs.

Sot : idiot, sans esprit.

Tambour : instrument de musique à percussion.

Tremper : mettre dans un liquide.

Vaincu (a) : remporté une victoire, gagné le combat.

Veille : le jour précédent.

Venger (se) : rendre à quelqu'un le mal qu'il nous a fait.

Vers : suite de mots organisés selon les règles de la poésie.

Édition : Marie-Christine Couet-Lannes

Couverture : Fernando Dagnino

Illustration couverture : Judith Moreno

Illustrations de l'intérieur : Bernard Ciccolini

Maquette et mise en page : Alinéa

Photo p. 3 : *Portrait d'Edmond Rostand*, photo, 1910, Coll. Particulière, ph. Coll. Archives Larbor/DR.

Imprimerie Clerc - 18200 Saint-Amand-Montrond
Dépôt légal : août 2012 - N° d'éditeur : 10254274
Imprimé en France en mars 2019